KI KUNDENGEWINNUNG

Praktische Anwendungen für Marketingprofis

Mag. Eva Prasch

CONTENTS

WEB:

https://evaprasch.com/

EINLEITUNG

Künstliche Intelligenz (KI) verändert die Welt des Marketings schneller, als wir uns vorstellen können. Während früher Marketingstrategien vor allem auf Bauchgefühl und Erfahrungen basierten, gibt uns KI heute die Möglichkeit, mit Daten und Algorithmen auf eine völlig neue Weise zu arbeiten.

Sie ermöglicht es, Prozesse zu automatisieren, personalisierte Kundenerlebnisse zu schaffen und gezielte, datengestützte Entscheidungen zu treffen.

In der heutigen digitalen Welt erwarten Kunden nicht nur schnelle Antworten, sondern auch maßgeschneiderte Angebote, die genau auf ihre Bedürfnisse abgestimmt sind.

Hier kommt KI ins Spiel: Sie hilft dabei, riesige Datenmengen zu analysieren, Verhaltensmuster zu erkennen und personalisierte Kommunikation in Echtzeit zu ermöglichen.

Integration von KI in Marketingstrategien ist nicht länger eine Option, sondern eine Notwendigkeit, wenn du im Wettbewerb bestehen willst.

● *Warum KI im Marketing? Die Bedeutung von Künstlicher Intelligenz für moderne Marketingstrategien und -prozesse.*

Künstliche Intelligenz verändert nicht nur die Art und Weise, wie wir mit Kunden kommunizieren, sondern auch, wie wir Marketingprozesse gestalten und optimieren. Sie ermöglicht es dir, Kampagnen zu automatisieren, die Zielgruppen genau zu segmentieren und Inhalte zu personalisieren – alles in einer Geschwindigkeit und Präzision, die mit traditionellen Methoden nicht möglich wären.

Dank KI kannst du Marketingstrategien entwickeln, die auf konkreten Daten basieren und die Bedürfnisse deiner Kunden in Echtzeit erfüllen. Ob durch automatisierte E-Mails, personalisierte Werbung oder intelligente Chatbots – KI macht Marketing nicht nur effizienter, sondern auch bedeutungsvoller und näher an den echten Bedürfnissen deiner Zielgruppen.

● *Ziel des Buches*
Ein praxisorientierter Leitfaden zur Nutzung von KI für die Kundengewinnung.

In diesem Buch möchte ich dir einen praxisorientierten Leitfaden an die Hand geben, wie du KI konkret für die Kundengewinnung einsetzen kannst. Du wirst lernen, wie du KI-Tools auswählst, sie effektiv in deine Marketingstrategie integrierst und damit deine Lead-Generierung und Kundenbindung auf das nächste Level hebst.

Es geht nicht nur um Theorie, sondern vor allem darum, wie du KI praktisch für dein Marketing nutzen kannst.

Vom ersten Schritt der Zielgruppenanalyse über die Automatisierung von Werbemaßnahmen bis hin zur erfolgreichen Implementierung von Chatbots – dieses Buch bietet dir alle nötigen Werkzeuge, um KI gewinnbringend in deinem Marketing einzusetzen und so deine Kundengewinnung nachhaltig zu steigern.

KAPITEL 1: GRUNDLAGEN DER KÜNSTLICHEN INTELLIGENZ IM MARKETING

• *Was ist Künstliche Intelligenz? Definition und Überblick über die wichtigsten KI-Technologien.*

Künstliche Intelligenz (KI) bezeichnet die Fähigkeit von Maschinen, Aufgaben zu erledigen, die normalerweise menschliche Intelligenz erfordern – wie Lernen, Problemlösen, Verstehen von Sprache und Erkennen von Mustern. Sie ermöglicht es Computern, eigenständig zu denken, zu handeln und Entscheidungen zu treffen, ohne dass sie dafür explizit programmiert werden müssen.

In der Welt des Marketings geht es vor allem darum, dass KI große Datenmengen analysieren und daraus Erkenntnisse gewinnen kann, die für dich als Marketer wertvoll sind. KI kann Prozesse automatisieren, Vorhersagen treffen und deine Marketingstrategien ständig weiter verbessern. Aber welche Technologien stecken genau hinter all diesen Möglichkeiten? Hier ein kurzer Überblick über die wichtigsten KI-Technologien, die du im Marketing nutzen kannst:

- **Maschinelles Lernen (ML):** Dabei handelt es sich um eine Technik, bei der Computer aus Daten lernen und Muster erkennen, ohne dass sie dafür direkt programmiert werden müssen. Im Marketing wird ML zum Beispiel verwendet, um Kundendaten zu analysieren und gezielte, personalisierte Angebote zu erstellen.
- **Natural Language Processing (NLP):** NLP ermöglicht es Maschinen, menschliche Sprache zu verstehen, zu interpretieren und darauf zu reagieren. Diese Technologie wird etwa in Chatbots und automatisierten E-Mails eingesetzt.
- **Computer Vision:** KI, die Bilder und Videos analysiert. Sie wird beispielsweise in der Bild- und Videoerkennung auf Social Media oder für Produktempfehlungen genutzt.
- **Predictive Analytics:** Mithilfe von KI-Algorithmen kannst

du Vorhersagen darüber treffen, welche Kunden eher kaufen werden oder wie sich ein Markt entwickeln könnte.

● *KI und Marketing: Ein starkes Paar*
Wie KI Marketingprozesse optimiert und personalisiert.

KI und Marketing gehen eine perfekte Symbiose ein. Künstliche Intelligenz ermöglicht es dir, deine Marketingprozesse zu optimieren, die Kundenerfahrung zu verbessern und personalisierte Angebote in Echtzeit zu liefern. Du kannst zum Beispiel mithilfe von KI die Analyse von Kundendaten automatisieren und so präzise Vorhersagen über das Verhalten deiner Zielgruppe treffen.

Die Personalisierung wird durch KI noch genauer und effizienter. Sie hilft dir, jedem einzelnen Kunden die richtige Nachricht zur richtigen Zeit zu schicken, basierend auf deren vorherigen Interaktionen, Vorlieben und Verhalten. Dabei wird nicht nur die Marketingkommunikation maßgeschneidert, sondern auch die gesamte Customer Journey verbessert. Vom ersten Kontakt über den Kaufprozess bis hin zur Kundenbindung – KI sorgt dafür, dass der gesamte Weg für den Kunden so reibungslos und individuell wie möglich ist.

Zudem spielt KI eine Schlüsselrolle bei der Automatisierung von Prozessen. Sie kann Routineaufgaben wie das Verfassen von E-Mails, die Anzeigenoptimierung oder das Lead Scoring übernehmen, was dir ermöglicht, dich auf strategischere Aufgaben zu konzentrieren und gleichzeitig die Effizienz zu steigern.

● *Ethische und datenschutzrechtliche Überlegungen Die Bedeutung von Transparenz und Datenschutz bei der Nutzung von KI.*

Bei der Nutzung von KI im Marketing gibt es jedoch auch wichtige ethische und datenschutzrechtliche Aspekte, die du nicht außer Acht lassen darfst. Künstliche Intelligenz arbeitet in der Regel mit großen Mengen an Kundendaten, die dazu verwendet werden, personalisierte Erlebnisse zu schaffen. Aber: Wie gehen wir mit diesen Daten verantwortungsbewusst um?

Datenschutz ist hier von zentraler Bedeutung. Besonders in Europa, mit der Datenschutz-Grundverordnung (DSGVO), musst du sicherstellen, dass du beim Sammeln und Verwenden von Kundendaten transparent und korrekt vorgehst. Du solltest immer klar kommunizieren, wie die Daten genutzt werden und welche Rechte die Kunden in Bezug auf ihre Daten haben. Die Einwilligung der Kunden ist ein wesentlicher Bestandteil des Prozesses, und du musst sicherstellen, dass alle Daten sicher gespeichert und verarbeitet werden.

Ein weiterer wichtiger Punkt ist die Transparenz: Deine Kunden müssen wissen, wie und warum du KI nutzt und welche Entscheidungen durch Algorithmen getroffen werden. Die Möglichkeit, nachvollziehen zu können, wie Entscheidungen entstehen (zum Beispiel, warum ihnen ein bestimmtes Produkt vorgeschlagen wurde), trägt zur Vertrauensbildung bei.

Insgesamt geht es also darum, KI verantwortungsvoll zu nutzen. Du kannst die Vorteile dieser Technologie voll ausschöpfen, wenn du immer im Hinterkopf behältst, dass der respektvolle Umgang mit Kundendaten und die Wahrung ihrer Privatsphäre oberste Priorität haben müssen.

Indem du diese ethischen und datenschutzrechtlichen Überlegungen von Anfang an in deine Strategie integrierst, kannst du nicht nur rechtlichen Problemen aus dem Weg gehen, sondern auch das Vertrauen deiner Kunden gewinnen – ein unschätzbarer Wert in der heutigen Marketingwelt.

web:
https://evaprasch.com/

Kapitel 2: Zielgruppenanalyse mit KI

● Personalisierung auf Basis von KI-Insights
Wie individuelle Kundenbedürfnisse erkannt und genutzt werden können.

Eine präzise Zielgruppenanalyse ist das Fundament jeder erfolgreichen Marketingstrategie. Doch wie kannst du sicherstellen, dass du deine Zielgruppen genau definierst und auf sie zugeschnittene Maßnahmen entwickelst? Hier kommt KI ins Spiel.

KI hilft dir, riesige Mengen an Daten zu analysieren und Muster zu erkennen, die dir dabei helfen, deine Zielgruppen viel präziser zu segmentieren.

Anstatt dich nur auf demografische Merkmale wie Alter oder Geschlecht zu stützen, ermöglicht dir KI, tiefere Einblicke in das Verhalten deiner Kunden zu gewinnen. Du kannst herausfinden, wie sie sich auf deiner Website bewegen, welche Produkte sie interessieren, wie oft sie einkaufen und welche Inhalte sie bevorzugen. Mit dieser detaillierten Analyse kannst du deine Zielgruppen viel feiner und individueller segmentieren, was dir erlaubt, deine Marketingmaßnahmen deutlich gezielter und effektiver zu gestalten.

● *Verhaltensanalyse und Predictive*
Analytics
Mit KI zukünftiges Kundenverhalten
vorhersagen und gezielt ansprechen.

Ein weiteres mächtiges Werkzeug, das KI bietet, ist die Verhaltensanalyse und Predictive Analytics.

KI kann das Verhalten deiner Kunden in Echtzeit analysieren und dabei helfen, Muster zu erkennen, die darauf hinweisen, was sie in Zukunft tun könnten. Anhand von historischen Daten und aktuellen Verhaltensweisen ist es möglich, Vorhersagen darüber zu treffen, welche Produkte oder Dienstleistungen deine Kunden wahrscheinlich als nächstes interessieren werden.

Durch Predictive Analytics kannst du nicht nur das Verhalten einzelner Kunden besser verstehen, sondern auch Trends und Veränderungen in großen Kundengruppen vorhersagen. Zum Beispiel könntest du erkennen, welche Kunden wahrscheinlich in den nächsten Wochen einen Kauf tätigen werden, oder welche Kunden aufhören könnten, dein Produkt zu nutzen. Auf dieser Grundlage kannst du gezielt mit maßgeschneiderten Angeboten oder Nachrichten reagieren, um die Kundenbindung zu stärken und die Conversion-Rate zu erhöhen.

- *Personalisierung auf Basis von KI-Insights*
Wie individuelle Kundenbedürfnisse erkannt und genutzt werden können.

Die wahre Stärke von KI liegt jedoch in der Personalisierung. Einmal richtig eingesetzt, kann KI die Bedürfnisse und Wünsche jedes einzelnen Kunden erkennen und in Echtzeit darauf reagieren. KI ermöglicht es dir, personalisierte Inhalte und Angebote zu erstellen, die genau den Interessen und dem Verhalten deiner Kunden entsprechen.

Anhand der Erkenntnisse aus der Datenanalyse und Verhaltensanalyse kannst du mit KI ganz individuelle Marketingkampagnen entwickeln. Du kannst jedem Kunden genau das bieten, was er oder sie will, zur richtigen Zeit und auf dem bevorzugten Kanal. Sei es durch personalisierte E-Mails, maßgeschneiderte Produktvorschläge oder spezielle Rabatte – mit KI erreichst du ein Niveau der Personalisierung, das früher nur schwer möglich war.

KI kann sogar das Kauferlebnis während der Interaktion mit deinem Unternehmen optimieren. Zum Beispiel, indem sie eine personalisierte Produktauswahl anzeigt, basierend auf den Vorlieben und dem bisherigen Verhalten des Nutzers. So fühlt sich jeder Kunde individuell angesprochen und es wird wahrscheinlicher, dass er oder sie sich für dein Angebot entscheidet.

Fazit

Mit KI wird die Zielgruppenanalyse deutlich präziser und zielgerichteter. Sie hilft dir, tiefere Einblicke in das Verhalten und die Bedürfnisse deiner Kunden zu erhalten, Verhaltensmuster zu erkennen und zukünftiges Verhalten vorherzusagen. Dies ermöglicht es dir, deine Marketingstrategien genau auf deine Zielgruppen auszurichten und eine unglaublich präzise Personalisierung zu erreichen. KI ist der Schlüssel, um deine Zielgruppen nicht nur zu verstehen, sondern auch wirklich zu begeistern.

web:
https://evaprasch.com/

KAPITEL 3: KI-GESTÜTZTE WERBEMASSNAHMEN

● *Automatisierte Anzeigenoptimierung*
Wie KI Werbung effizienter und zielgerichteter gestaltet.

Eine der größten Herausforderungen im Marketing ist es, **Werbung** zu schalten, die nicht nur gesehen, sondern auch wahrgenommen und auf die richtige Zielgruppe abgestimmt ist. Hier kommt KI ins Spiel. Mit KI-gestützter Anzeigenoptimierung kannst du sicherstellen, dass deine Werbemaßnahmen effizient und zielgerichtet sind – und das in Echtzeit.

KI analysiert kontinuierlich die Leistung deiner Werbeanzeigen und erkennt, welche Anzeigen bei welchen Zielgruppen gut ankommen und welche nicht. Sie optimiert dann automatisch die Platzierung, den Inhalt und sogar das Timing der Anzeigen, sodass du dein Werbebudget genau dort einsetzt, wo es den größten Erfolg verspricht. Wenn du zum Beispiel feststellst, dass eine bestimmte Anzeige bei einer bestimmten Zielgruppe besonders gut ankommt, sorgt KI dafür, dass diese Anzeige häufiger angezeigt wird und somit eine höhere Reichweite erzielt.

Außerdem ermöglicht KI, dass Anzeigen auch dynamisch angepasst werden. Wenn sich das Nutzerverhalten verändert oder neue Trends aufkommen, passt KI die Inhalte sofort an, sodass deine Werbung immer relevant bleibt. Dies sorgt nicht nur für eine höhere Conversion-Rate, sondern auch für eine optimierte Nutzung deines Marketingbudgets.

• *Programmatic Advertising*
KI in der automatisierten Schaltung
von Werbeanzeigen in Echtzeit.

Programmatic Advertising ist der nächste Schritt in der Evolution der Werbung und ermöglicht es dir, Werbeanzeigen in Echtzeit und automatisch zu schalten. Durch den Einsatz von KI wird der gesamte Prozess der Anzeigenschaltung automatisiert, sodass du nicht mehr manuell entscheiden musst, wo und wann deine Anzeige erscheint.

KI analysiert dabei eine Vielzahl von Daten, um in Echtzeit die besten Platzierungen für deine Anzeigen zu bestimmen – und zwar basierend auf dem Verhalten, den Interessen und der Historie der Nutzer. Sie entscheidet auf der Grundlage dieser Daten, welche Werbeanzeige welchem Nutzer zu welchem Zeitpunkt am relevantesten ist und schaltet die Anzeige dann automatisch. Das bedeutet, dass du keine Zeit mit der manuellen Planung und Platzierung von Anzeigen verbringen musst, sondern dich auf die strategische Ausrichtung konzentrieren kannst.

Ein großer Vorteil von Programmatic Advertising ist, dass es nicht nur effizienter ist, sondern auch kostenoptimiert. KI sorgt dafür, dass deine Anzeigen immer zum bestmöglichen Preis geschaltet werden, basierend auf dem aktuellen Wettbewerb und der Nachfrage im Werbenetzwerk.

- *Dynamische Preisgestaltung und Angebote*
Wie KI personalisierte Preismodelle für verschiedene Kundengruppen erstellt.

Ein weiteres leistungsstarkes Tool, das KI im Marketing bietet, ist die **dynamische Preisgestaltung.**

Anstatt statische Preise für deine Produkte oder Dienstleistungen festzulegen, ermöglicht dir KI, die Preise in Echtzeit anzupassen, basierend auf einer Vielzahl von Faktoren. Hierzu gehören unter anderem die Nachfrage, das Kundenverhalten, saisonale Schwankungen oder auch das Verhalten von Wettbewerbern.

Die dynamische Preisgestaltung bedeutet, dass du personalisierte Preismodelle für verschiedene Kundengruppen erstellen kannst. KI analysiert das Kaufverhalten jedes einzelnen Kunden und schlägt einen Preis vor, der wahrscheinlich zur höchsten Conversion führt.

Zum Beispiel könnte ein Neukunde einen Rabatt erhalten, während ein Stammkunde ein exklusives Angebot für ein neues Produkt bekommt. Das erhöht nicht nur die Wahrscheinlichkeit eines Kaufs, sondern sorgt auch dafür, dass du den Wert deines Produkts optimal ausschöpfst.

KI kann auch dazu verwendet werden, zeitlich begrenzte Angebote oder Flash Sales zu generieren, die auf das Verhalten und die Vorlieben der Kunden abgestimmt sind. So kannst du Kunden zu bestimmten Zeiten zu einem Kauf anregen, zum Beispiel, wenn sie besonders geneigt sind, etwas zu kaufen oder wenn sie ein Produkt in den Warenkorb gelegt, aber den Kauf nicht abgeschlossen haben.

Fazit

KI bietet in der Werbung nicht nur Automatisierung, sondern auch eine präzisere und datengestützte Entscheidungsfindung, die deine Werbemaßnahmen effizienter und zielgerichteter macht. Mit automatisierter Anzeigenoptimierung, Programmatic Advertising und dynamischer Preisgestaltung kannst du deine Kampagnen in Echtzeit anpassen, die richtigen Zielgruppen ansprechen und deine Marketingbudgets optimal nutzen.

KI hilft dir, Werbung nicht nur effektiver zu gestalten, sondern auch maßgeschneiderte Erlebnisse für deine Kunden zu schaffen, die zu höheren Conversions und einer stärkeren Kundenbindung führen.

web:
https://evaprasch.com/

KAPITEL 4: CHATBOTS UND VIRTUELLE ASSISTENTEN

●   *Kundeninteraktion mit KI*
Wie Chatbots die Kundenansprache
revolutionieren und die
Kundenbindung stärken.

Kundeninteraktion ist ein zentraler Bestandteil jedes erfolgreichen Unternehmens. Doch die Erwartungen der Kunden steigen ständig – sie erwarten sofortige Antworten, schnelle Lösungen und eine stets verfügbare Kommunikation. Hier kommen Chatbots und virtuelle Assistenten ins Spiel, die die Art und Weise, wie du mit deinen Kunden kommunizierst, revolutionieren können.

Chatbots nutzen Künstliche Intelligenz, um automatisierte, menschenähnliche Gespräche mit deinen Kunden zu führen. Sie sind in der Lage, rund um die Uhr auf Anfragen zu reagieren, Probleme zu lösen und Unterstützung zu bieten – ohne dass ein menschlicher Mitarbeiter jederzeit verfügbar sein muss. Das bedeutet nicht nur eine schnellere Reaktionszeit, sondern auch eine verbesserte Kundenerfahrung, da Kunden jederzeit Antworten auf ihre Fragen erhalten können.

Ein weiterer Vorteil von Chatbots ist, dass sie in der Lage sind, Daten zu sammeln und Muster im Verhalten der Kunden zu erkennen. Auf diese Weise können sie personalisierte Empfehlungen aussprechen oder häufig gestellte Fragen automatisiert beantworten, was die Interaktion für den Kunden noch angenehmer und effizienter macht.

- *Automatisierte Kommunikation Kundenanfragen schnell und effizient durch KI-gesteuerte Systeme bearbeiten.*

Ein wesentliches Merkmal von KI-gesteuerten Chatbots und virtuellen Assistenten ist die Möglichkeit, **Kommunikationsprozesse zu automatisieren**. Anstatt dass deine Kunden auf eine Antwort von einem menschlichen Mitarbeiter warten müssen, bieten Chatbots sofortige Reaktionen auf Anfragen. Das spart nicht nur Zeit, sondern stellt sicher, dass Kunden jederzeit mit deinem Unternehmen interagieren können – auch außerhalb der regulären Geschäftszeiten.

Die Automatisierung von Kundenanfragen sorgt auch dafür, dass die Bearbeitung von Routineanfragen, wie etwa Produktinformationen, Bestellstatus oder FAQ, blitzschnell erfolgt. Dies entlastet dein Team, sodass sie sich auf komplexere Aufgaben konzentrieren können, während Chatbots die einfacheren Anfragen übernehmen. Und das Beste daran: Chatbots können lernen, welche Antworten am effektivsten sind und sich kontinuierlich verbessern, um die Kommunikation noch präziser und hilfreicher zu gestalten.

Ein Beispiel: Ein Chatbot könnte den Kunden nach einer kurzen Einführung in den Bestellvorgang direkt zu den gewünschten Produkten führen, den Warenkorb automatisch befüllen und Zahlungsoptionen anbieten – alles in Echtzeit. Dieser automatisierte Prozess bietet den Kunden nicht nur eine nahtlose Erfahrung, sondern erhöht auch die Conversion-Rate, da der Kaufprozess reibungslos und schnell verläuft.

●   *Best Practices für den Einsatz
von Chatbots
Tipps und Fallbeispiele für
den erfolgreichen Einsatz von
Chatbots im Marketing.*

Damit Chatbots im Marketing erfolgreich eingesetzt
werden, ist es wichtig, einige bewährte Best Practices
zu beachten. Hier sind einige Tipps, wie du KI-
gesteuerte Systeme effizient nutzen kannst:

- **Klare Zielsetzung definieren**
  Bevor du einen Chatbot einsetzt, solltest du genau
  wissen, welche Aufgaben der Bot übernehmen soll. Soll er
  Kundenanfragen beantworten, Produkte empfehlen oder
  den Kaufprozess unterstützen? Eine klare Zielsetzung
  hilft dabei, den Chatbot auf die richtigen Aufgaben zu
  fokussieren und sicherzustellen, dass er effektiv arbeitet.
- **Natürlichkeit in der Kommunikation**
  Ein erfolgreicher Chatbot sollte sich nicht wie ein
  Roboter anfühlen. Die Kommunikation sollte so natürlich
  und menschenähnlich wie möglich gestaltet sein.
  Achte darauf, dass der Chatbot freundlich, hilfsbereit
  und klar in seinen Antworten ist. KI hat enorme
  Fortschritte in der Verarbeitung natürlicher Sprache
  gemacht, und ein gut konzipierter Chatbot kann eine
  sehr menschliche Gesprächserfahrung bieten.
- **Vermeide Überlastung mit zu vielen Optionen**
  Eine häufige Falle bei Chatbots ist es, den Kunden mit zu
  vielen Optionen zu überfordern. Stelle sicher, dass der
  Chatbot die Antworten auf einfache Weise liefert und den
  Nutzer nicht mit zu vielen Fragen oder Entscheidungen
  verwirrt. Wenn der Chatbot nicht weiterhelfen kann,
  sollte er den Nutzer an einen menschlichen Mitarbeiter

weiterleiten, um eine nahtlose Erfahrung zu gewährleisten.

- **Personalisierung nutzen**
Ein Chatbot kann viel mehr als nur generische
Antworten liefern. Nutze die gesammelten Daten
und Insights, um personalisierte Empfehlungen zu
geben. Beispielsweise kann der Bot die Vorlieben des
Kunden aus früheren Interaktionen erkennen und auf
dieser Basis maßgeschneiderte Produktempfehlungen
aussprechen. Das macht den Kundenservice nicht
nur effizienter, sondern auch relevanter.

- **Kontinuierliche Optimierung**
Wie bei allen KI-Systemen ist es wichtig, den Chatbot
regelmäßig zu überwachen und zu optimieren. Achte darauf,
wie Nutzer mit dem Bot interagieren, und passe ihn bei
Bedarf an, um die Antwortgenauigkeit zu erhöhen und die
Kundenzufriedenheit zu steigern.

● *Tipps und Fallbeispiele für den erfolgreichen Einsatz von Chatbots im Marketing.*

Viele Unternehmen setzen bereits erfolgreich Chatbots und virtuelle Assistenten ein, um ihre Marketingstrategie zu verbessern. Hier ein paar Beispiele:

- **E-Commerce:** Online-Shops wie Sephora oder H&M nutzen Chatbots, um Kunden beim Einkaufen zu unterstützen. Der Bot kann Produktempfehlungen aussprechen, den Bestellstatus verfolgen oder sogar Rabatte anbieten. Dies sorgt für eine personalisierte Einkaufserfahrung und erhöht die Konversionsraten.
- **Reisebranche:** Die Fluggesellschaft KLM setzt einen Chatbot namens BlueBot ein, um Kunden bei der Buchung von Flügen zu unterstützen. Der Bot hilft bei der Auswahl von Flügen, gibt Fluginformationen und beantwortet Fragen zu Buchungen. Dies spart den Kunden Zeit und reduziert den Aufwand für den Kundenservice.
- **Banken:** Deutsche Bank und andere Finanzinstitute nutzen Chatbots, um Kunden bei der Durchführung von Banktransaktionen zu unterstützen oder Finanzfragen zu beantworten. Dies erhöht die Kundenzufriedenheit und vereinfacht gleichzeitig die Kommunikation.

Fazit

Chatbots und virtuelle Assistenten bieten Unternehmen die Möglichkeit, die Kundeninteraktion auf eine völlig neue Ebene zu heben.

Sie verbessern nicht nur die Kundenerfahrung durch sofortige und personalisierte Kommunikation, sondern optimieren auch die Effizienz, indem sie Routineanfragen automatisieren.

Durch den gezielten Einsatz von KI-gesteuerten Systemen kannst du deine Kundenbindung stärken und deine Marketingstrategie noch effektiver gestalten.

web:
https://evaprasch.com/

KAPITEL 5: LEAD-GENERIERUNG MIT KI

●   *Lead Scoring und*
Automatisierung
Wie KI hilft, potenzielle Kunden
zu identifizieren und nach ihrer
Kaufwahrscheinlichkeit zu bewerten.

Die Lead-Generierung ist einer der entscheidendsten Prozesse im Marketing, um potenzielle Kunden zu gewinnen und in zahlende Kunden umzuwandeln. Doch nicht jeder Lead hat das gleiche Potenzial. Einige Leads sind vielversprechender als andere, und genau hier setzt Lead Scoring an – ein Prozess, bei dem KI dir hilft, potenzielle Kunden nach ihrer Kaufwahrscheinlichkeit zu bewerten und zu priorisieren.

KI analysiert dabei eine Vielzahl von Datenpunkten – von den Interaktionen auf deiner Website über E-Mails bis hin zu Social-Media-Aktivitäten. Sie berücksichtigt Faktoren wie das Verhalten des Leads, wie oft er mit deinem Content interagiert hat oder wie er sich in der Vergangenheit verhalten hat. Auf dieser Grundlage erstellt die KI ein Lead Score, der dir anzeigt, wie hoch die Wahrscheinlichkeit ist, dass der Lead zu einem zahlenden Kunden wird.

Durch die Automatisierung dieses Prozesses kannst du dich auf die Leads konzentrieren, die die höchste Kaufwahrscheinlichkeit haben, und deine Ressourcen effizienter einsetzen. Du musst nicht mehr alle Leads manuell prüfen, sondern kannst dich darauf verlassen, dass KI für dich eine fundierte Entscheidung trifft und dir dabei hilft, die besten Leads herauszufiltern und zu priorisieren.

● *KI-Tools für die Lead-Nurturing-Strategie*
Wie KI automatisierte Follow-up-Strategien optimiert und die Lead-Conversion steigert.

Sobald du deine Leads identifiziert und bewertet hast, kommt der nächste Schritt: das Lead Nurturing. Dies bedeutet, die Beziehung zu deinen Leads zu pflegen und sie langsam durch den Verkaufstrichter zu bewegen. Hier spielt KI eine wichtige Rolle, um diese Strategie zu automatisieren und zu optimieren.

KI kann automatisch personalisierte Follow-up-Strategien erstellen, basierend auf dem Verhalten des Leads. Zum Beispiel kann KI E-Mails zur richtigen Zeit mit genau den richtigen Inhalten senden, um den Lead weiter zu engagieren und das Vertrauen zu stärken. Wenn ein Lead eine bestimmte Seite auf deiner Website besucht oder ein Produkt in den Warenkorb legt, kann KI eine Erinnerung oder ein Sonderangebot senden, um den Lead zu einem Kauf zu ermutigen.

Darüber hinaus kann KI auch die Interaktionshistorie überwachen und analysieren, um festzustellen, wann ein Lead am wahrscheinlichsten bereit ist, einen Kauf zu tätigen. So kannst du deine Nachverfolgungsstrategien genau auf den richtigen Moment ausrichten und die Conversion-Rate erheblich steigern.

● *Beispielhafte KI-Anwendungen*
   für die Lead-Generierung
   Praktische Tools und
   Software-Lösungen.

Es gibt eine Vielzahl von KI-Tools und Software-Lösungen, die speziell für die Lead-Generierung und das Lead Nurturing entwickelt wurden. Hier sind einige der besten Beispiele:

1. **HubSpot**
   HubSpot bietet eine umfassende Marketingplattform, die KI-basierte Lead-Scoring-Tools enthält. Die Software hilft dir, Leads zu analysieren, zu bewerten und gezielt zu pflegen, indem sie automatisch Follow-up-E-Mails und maßgeschneiderte Inhalte sendet. Sie ermöglicht es dir, Leads in Echtzeit zu verfolgen und ihre Interaktionen mit deinem Content zu analysieren, um die nächsten Schritte festzulegen.

2. **Marketo**
   Marketo von Adobe ist eine weitere leistungsstarke Lösung für das Lead Nurturing. Es verwendet KI, um Lead Scoring zu automatisieren und personalisierte Kampagnen zu erstellen, die auf dem Verhalten der Leads basieren. Marketo hilft dir, die richtige Botschaft zur richtigen Zeit zu liefern, um die Conversion zu maximieren.

3. **Salesforce Einstein**
   Salesforce bietet mit Einstein eine KI-gestützte Plattform, die speziell für Lead-Scoring und Automatisierung entwickelt wurde. Sie analysiert alle verfügbaren Daten, um die Kaufwahrscheinlichkeit eines Leads zu bewerten und gibt dir Empfehlungen, wie du den nächsten Schritt im Verkaufsprozess gehen kannst. Einstein hilft auch dabei, die effektivsten Marketingkanäle und -strategien zu identifizieren, um

den Lead durch den Trichter zu bewegen.

4. **Drift**

Drift ist ein KI-basierter Chatbot, der speziell für die Lead-Generierung entwickelt wurde. Der Chatbot kommuniziert in Echtzeit mit deinen Website-Besuchern und beantwortet ihre Fragen, während er gleichzeitig Leads identifiziert und qualifiziert. Durch den Chatbot kannst du sofort mit potenziellen Kunden interagieren und sie in den Verkaufstrichter einführen, ohne manuell eingreifen zu müssen.

5. **ActiveCampaign**

ActiveCampaign ist eine Marketing-Automatisierungsplattform, die KI nutzt, um personalisierte E-Mail-Kampagnen zu erstellen und Leads nach ihrem Verhalten zu segmentieren. Sie bietet eine leistungsstarke Automatisierung, die auf den Interaktionen des Leads basiert, und ermöglicht dir, die perfekte Nachricht zur perfekten Zeit zu senden.

Fazit

Mit KI kannst du deine Lead-Generierung und das Lead Nurturing auf das nächste Level heben.

Durch Lead Scoring und die Automatisierung von Follow-up-Strategien bist du in der Lage, gezielt mit den wertvollsten Leads zu interagieren und die Wahrscheinlichkeit einer Conversion zu maximieren.

Mit den richtigen KI-Tools kannst du deine Marketingmaßnahmen effizienter gestalten und den gesamten Prozess von der Lead-Generierung bis hin zum erfolgreichen Abschluss erheblich optimieren. KI hilft dir, bessere Entscheidungen zu treffen und deine Ressourcen optimal einzusetzen – sodass du nicht nur mehr Leads gewinnst, sondern auch die Qualität dieser Leads erheblich steigern kannst.

web:
https://evaprasch.com/

KAPITEL 6: CONTENT-MARKETING MIT KI

• *Automatisierte Content-Erstellung*
Wie KI hilft, Inhalte zu erstellen, die auf Zielgruppen zugeschnitten sind.

Im Content-Marketing geht es darum, relevante und ansprechende Inhalte zu erstellen, die deine Zielgruppe fesseln und sie zu Handlungen anregen. Doch die Erstellung von hochwertigem Content kann zeitaufwendig sein, besonders wenn du regelmäßig neue Beiträge, Artikel, Blogposts oder Social-Media-Posts veröffentlichen möchtest.

Hier kommt KI ins Spiel und hilft dir, den Prozess der Content-Erstellung zu automatisieren.

KI-Tools können automatisch Texte generieren, die auf deine Zielgruppe und deren Bedürfnisse zugeschnitten sind. Anhand von Daten und Algorithmen analysieren diese Tools, welche Themen, Formulierungen und Formate bei deiner Zielgruppe gut ankommen. So können sie Content in verschiedenen Formaten – wie Blogartikel, Social-Media-Posts oder Produktbeschreibungen – erstellen, die den richtigen Ton treffen und für deine Leser relevant sind.

Ein Beispiel: Tools wie **Jasper** oder **Copy.ai** nutzen KI, um Blogbeiträge und Artikel basierend auf bestimmten Keywords oder Themen zu erstellen. Du gibst einfach ein Thema vor, und die KI generiert einen vollständigen Entwurf, den du weiter verfeinern kannst. Diese automatisierte Content-Erstellung spart nicht nur Zeit, sondern hilft auch dabei, konsistent hochwertige Inhalte zu produzieren.

- *Personalisierung von Inhalten KI-basierte Strategien zur personalisierten Ansprache und Content-Empfehlungen.*

Einer der größten Vorteile von KI im Content-Marketing ist die **Personalisierung**. Deine Kunden und Leser erwarten immer mehr maßgeschneiderte Erlebnisse, und KI ermöglicht es dir, Content zu liefern, der perfekt auf ihre Interessen und Bedürfnisse abgestimmt ist.

Mit KI kannst du Inhalte so personalisieren, dass sie für jeden einzelnen Besucher relevant sind. Die KI analysiert das Verhalten, die Vorlieben und die Interessen deiner Zielgruppe und erstellt daraufhin maßgeschneiderte Inhalte.

Zum Beispiel kann ein Besucher auf deiner Website verschiedene Produkte durchsuchen, und KI kann personalisierte Empfehlungen zu ähnlichen Produkten aussprechen, die diesem Nutzer gefallen könnten.

Doch KI geht noch einen Schritt weiter: Sie hilft dir, dynamische Inhalte zu erstellen, die sich in Echtzeit anpassen. Das bedeutet, dass der Inhalt, den ein Besucher sieht, auf der Grundlage seiner vorherigen Interaktionen oder sogar seiner geografischen Lage angepasst wird. Diese personalisierte Ansprache führt zu einer höheren Engagement-Rate und besseren Conversion-Raten, da die Inhalte genau das bieten, was der Nutzer erwartet.

- *Optimierung von Content mit KI-Tools*

Tools zur Analyse von Content-Performance und zur Verbesserung von Inhalten in Echtzeit.

Die Optimierung von Content ist entscheidend, um sicherzustellen, dass deine Inhalte nicht nur erstellt, sondern auch performen. KI-Tools bieten dir die Möglichkeit, deine Inhalte kontinuierlich zu analysieren und zu verbessern – und das in Echtzeit.

Mit Content-Analyse-Tools wie Yoast SEO oder Clearscope kannst du deinen Content auf verschiedene Kriterien hin analysieren, um ihn für Suchmaschinen und Nutzer zu optimieren. KI hilft dabei, die richtigen Keywords zu identifizieren, die Lesbarkeit zu verbessern und den Text so zu gestalten, dass er sowohl für den Leser als auch für Google ansprechend ist.

Ein weiteres leistungsstarkes Tool ist **Frase**, das KI nutzt, um dir Empfehlungen zu geben, wie du deinen Content verbessern kannst, damit er besser rankt und mehr Engagement erzeugt. Es analysiert die besten Ergebnisse für ein bestimmtes Thema und hilft dir, deinen Content so zu strukturieren, dass er konkurrenzfähig ist.

KI-Tools ermöglichen es dir auch, **A/B-Tests in Echtzeit** durchzuführen. Du kannst verschiedene Versionen eines Blogposts oder einer Landingpage testen und herausfinden, welche Variante bei deiner Zielgruppe am besten ankommt. Dies hilft dir, deinen Content immer weiter zu verfeinern und die besten Ergebnisse zu erzielen.

Fazit

KI hat das Potenzial, dein Content-Marketing erheblich zu

verbessern. Von der automatisierten Erstellung von Inhalten bis hin zur Personalisierung und Optimierung – KI hilft dir, maßgeschneiderte, leistungsstarke Inhalte zu erstellen, die auf die Bedürfnisse deiner Zielgruppe abgestimmt sind. Du kannst nicht nur Zeit und Ressourcen sparen, sondern auch sicherstellen, dass deine Inhalte immer relevant, effektiv und ansprechend sind. Wenn du KI richtig nutzt, kannst du deinen Content auf ein völlig neues Level heben und deine Marketingziele schneller und effizienter erreichen.

web:
https://evaprasch.com/

KAPITEL 7: SOCIAL MEDIA MARKETING UND KI

● *Social Listening mit KI*
Wie KI bei der Analyse von
Social Media Daten hilft
und Trends erkennt.

Im Social Media Marketing ist es entscheidend, genau zu wissen, was die Menschen über deine Marke, Produkte oder die Branche im Allgemeinen sagen. Social Listening hilft dir dabei, genau diese Gespräche zu überwachen und zu analysieren. Und hier kommt KI ins Spiel, um diesen Prozess noch effektiver und präziser zu gestalten.

KI-basierte Tools analysieren Social Media-Daten in Echtzeit, um zu verstehen, was über deine Marke gesagt wird, welche Themen derzeit im Trend liegen und wie sich die öffentliche Meinung entwickelt.

Sie können tausende von Beiträgen, Kommentaren und Hashtags durchsuchen, um herauszufinden, welche Themen bei deiner Zielgruppe am meisten Aufmerksamkeit erhalten. So kannst du schnell auf Trends reagieren und deine Social Media Strategie entsprechend anpassen.

Beispielsweise kann KI durch die Analyse von Sentiment-Daten erkennen, ob die allgemeine Stimmung rund um deine Marke positiv oder negativ ist. Das hilft dir, frühzeitig auf negative Kommentare oder mögliche Krisen zu reagieren und gleichzeitig positive Gespräche zu verstärken. Social Listening mit KI gibt dir die nötigen Insights, um deine Inhalte gezielt zu optimieren und in Echtzeit auf die Bedürfnisse und Wünsche deiner Zielgruppe einzugehen.

● *Automatisierte Social Media Kampagnen*
Wie KI Social Media Strategien und Kampagnen effizienter gestaltet.

Eine der größten Herausforderungen im Social Media Marketing ist es, Kampagnen effizient zu planen und durchzuführen. KI kann diesen Prozess erheblich vereinfachen und automatisieren, sodass du mehr Zeit für kreative und strategische Aufgaben hast.

Mit KI-gestützten Tools kannst du Social Media Kampagnen automatisiert schalten, Inhalte zur richtigen Zeit an die richtige Zielgruppe ausspielen und dabei sogar die Performance der Kampagne in Echtzeit überwachen. KI hilft dabei, den besten Zeitpunkt für Posts zu ermitteln, basierend auf den Verhaltensdaten deiner Zielgruppe. Das bedeutet, du musst nicht mehr raten, wann deine Follower am aktivsten sind – die KI sagt dir genau, wann du posten solltest, um die größte Reichweite zu erzielen.

Darüber hinaus kann KI auch dabei helfen, deine Werbeanzeigen auf Social Media zu optimieren. Sie analysiert, welche Anzeigen am besten performen und passt sie automatisch an, um die Leistung zu steigern. So wird deine Werbung effizienter und gezielter, was zu einer höheren Conversion-Rate und einer besseren Nutzung deines Marketingbudgets führt.

●   *KI-gestützte Influencer-*
Marketing-Strategien
Wie Influencer-Auswahl
und -Management durch KI
optimiert werden können.

Influencer-Marketing ist eine der effektivsten Methoden, um das Vertrauen deiner Zielgruppe zu gewinnen und deine Marke zu stärken. Doch die Auswahl der richtigen Influencer und das Management von Partnerschaften kann eine Herausforderung sein. Hier kommt KI ins Spiel, um den Prozess zu optimieren.

KI-Tools helfen dir, die perfekten Influencer für deine Marke zu finden, indem sie die Profile, Reichweite und das Engagement von Influencern auf verschiedenen Social Media Plattformen analysieren. Diese Tools erkennen, welche Influencer mit deiner Zielgruppe am besten in Resonanz treten, und bewerten die Authentizität und Relevanz ihrer Follower. So kannst du sicherstellen, dass du mit den richtigen Influencern zusammenarbeitest, die deine Marke authentisch repräsentieren und deine Zielgruppe effektiv erreichen.

Darüber hinaus können KI-basierte Tools das Influencer-Management automatisieren. Sie helfen dir, die Kommunikation zu vereinfachen, Vertragsbedingungen zu verwalten und sogar die Performance von Influencern in Echtzeit zu überwachen. Du kannst sofort sehen, wie gut eine Kampagne läuft, und auf Basis der Daten Anpassungen vornehmen, um die besten Ergebnisse zu erzielen.

Fazit

KI spielt eine entscheidende Rolle im Social Media Marketing, indem sie dir hilft, Daten effizient zu analysieren, Kampagnen zu automatisieren und Influencer-Marketing-

Strategien zu optimieren. Mit Social Listening behältst du die Stimmung rund um deine Marke im Blick und erkennst Trends frühzeitig. Automatisierte Kampagnen und präzise Influencer-Auswahl ermöglichen es dir, deine Marketingstrategie effizienter und gezielter umzusetzen, während du gleichzeitig Zeit und Ressourcen sparst.

Durch den Einsatz von KI kannst du sicherstellen, dass dein Social Media Marketing nicht nur schneller, sondern auch intelligenter wird.

web:
https://evaprasch.com/

KAPITEL 8: ERFOLGREICHE IMPLEMENTIERUNG VON KI IM MARKETING

● *Auswahl der richtigen KI-Tools Wie man die passenden KI-Lösungen für die eigenen Marketingziele auswählt.*

Die Auswahl der richtigen **KI-Tools** für dein Marketing ist ein entscheidender Schritt, um sicherzustellen, dass du die Technologie effektiv in deiner Strategie einsetzen kannst. Bei der Vielzahl an verfügbaren Tools kann es schwierig sein, sich für die passenden zu entscheiden. Der erste Schritt ist, deine **Marketingziele** klar zu definieren: Möchtest du die Kundengewinnung verbessern, die Personalisierung von Inhalten steigern, Social Media Kampagnen optimieren oder die Lead-Generierung automatisieren? Die Antwort auf diese Frage hilft dir, die richtigen Tools auszuwählen.

Es ist wichtig, Tools zu wählen, die zu deinem spezifischen Bedarf passen. Manche KI-Tools sind darauf spezialisiert, Daten zu analysieren und Zielgruppen zu segmentieren, wie zum Beispiel **HubSpot** oder **Marketo**.

Andere Tools konzentrieren sich auf die **automatisierte Content-Erstellung** oder das **Lead Scoring**, wie zum Beispiel **Jasper** oder **Drift**. Einige Lösungen bieten eine **All-in-One-Plattform** an, die mehrere Funktionen vereint, wie etwa **Salesforce Einstein**.

Bei der Auswahl solltest du außerdem die **Benutzerfreundlichkeit** und **Integration** in bestehende Systeme berücksichtigen. Achte darauf, dass das KI-Tool sich gut mit deinen bestehenden Marketingplattformen (wie CRM-Systemen oder E-Mail-Marketing-Tools) integrieren lässt und eine **intuitive Benutzeroberfläche** bietet, um die Implementierung so einfach wie möglich zu gestalten.

- *Integration von KI in bestehende
Marketingprozesse
Schritt-für-Schritt-Guide
zur Integration von KI in die
Marketingstrategie.*

Die **Integration von KI in bestehende Marketingprozesse** kann zunächst eine Herausforderung darstellen, aber mit einem klaren Plan lässt sich dieser Schritt erfolgreich umsetzen. Hier ist ein **Schritt-für-Schritt-Guide**, um KI sinnvoll in deine Marketingstrategie zu integrieren:

1. **Analyse der bestehenden Prozesse**: Bevor du KI in dein Marketing integrierst, solltest du deine aktuellen Marketingprozesse genau unter die Lupe nehmen. Welche Aufgaben sind zeitaufwendig oder repetitiv und könnten von KI übernommen werden? Wo gibt es Potenzial für Automatisierung oder Datenanalyse?
2. **Ziele definieren**: Überlege dir, welche **spezifischen Ziele** du mit KI erreichen möchtest. Möchtest du die **Lead-Generierung** verbessern, den **Kundenservice** automatisieren oder die **Content-Erstellung** optimieren? Eine klare Zielsetzung hilft dabei, die richtigen Tools auszuwählen und die Integration auf konkrete Bedürfnisse auszurichten.
3. **Pilotprojekt starten**: Statt sofort in großen Maßstab zu investieren, ist es ratsam, mit einem **Pilotprojekt** zu beginnen. Teste ein oder zwei KI-Tools in einem bestimmten Bereich (zum Beispiel bei der **Lead-Qualifizierung** oder bei **Social Media Kampagnen**). So kannst du die Performance und Integration prüfen, bevor du die Tools auf größere Prozesse ausweitest.

4. **Schulung und Onboarding**: Es ist entscheidend, dass dein Team versteht, wie die KI-Tools funktionieren und wie sie optimal eingesetzt werden können. Investiere in Schulungen und Ressourcen, um dein Team mit den neuen Systemen vertraut zu machen und sicherzustellen, dass die KI in vollem Umfang genutzt wird.

5. **Daten integrieren**: KI basiert auf Daten. Stelle sicher, dass deine bestehenden **Datenquellen** gut in die KI-Tools integriert sind. Je mehr qualitativ hochwertige Daten du zur Verfügung hast, desto besser kann die KI arbeiten und desto präziser werden die Ergebnisse.

6. **Kontinuierliche Anpassung und Optimierung**: KI-Systeme lernen und verbessern sich im Laufe der Zeit. Es ist wichtig, den Implementierungsprozess **kontinuierlich zu überwachen**, Anpassungen vorzunehmen und die Tools regelmäßig zu optimieren, um die besten Ergebnisse zu erzielen.

● *Messung des Erfolgs*
KPIs und Metriken zur Bewertung der Effektivität von KI-gesteuerten Marketingstrategien.

Die **Messung des Erfolgs** von KI-gesteuerten Marketingstrategien ist entscheidend, um sicherzustellen, dass du die gewünschten Ergebnisse erzielst und gegebenenfalls Anpassungen vornehmen kannst. Um die Effektivität von KI im Marketing zu bewerten, solltest du relevante **KPIs** (Key Performance Indicators) und **Metriken** festlegen, die mit deinen Zielen übereinstimmen.
Hier habe ich einige wichtige Kennzahlen, die du im Auge behalten solltest:

1. **Conversion Rate**: Wie viele der Leads, die durch KI generiert wurden, führen tatsächlich zu einem Kauf oder einer gewünschten Aktion? Eine steigende Conversion-Rate zeigt, dass die KI in der Lead-Generierung und -Qualifizierung erfolgreich arbeitet.

2. **Return on Investment (ROI)**: Berechne den ROI deiner KI-gestützten Marketingmaßnahmen, um zu sehen, ob die Investition in KI-Tools tatsächlich den gewünschten finanziellen Erfolg bringt. Der ROI hilft dir zu verstehen, ob die Kosten für die Implementierung und den Betrieb der KI-Tools durch die erzielten Ergebnisse gerechtfertigt sind.

3. **Customer Acquisition Cost (CAC)**: Wie viel kostet es, einen neuen Kunden zu gewinnen, wenn du KI-basierte Tools zur Lead-Generierung und -Pflege einsetzt?
Ein sinkender CAC deutet darauf hin, dass KI dabei hilft, den Akquisitionsprozess effizienter zu gestalten.

4. **Kundenzufriedenheit und Engagement**: Messungen wie **Net Promoter Score (NPS)** oder Engagement-

Raten (z. B. Klicks, Shares, Likes auf Social Media) geben Aufschluss darüber, wie gut die KI in der Personalisierung von Inhalten und der Interaktion mit Kunden arbeitet.

5. **Effizienzsteigerung**: Eine der Hauptstärken von KI ist ihre Fähigkeit, Prozesse zu automatisieren und die Effizienz zu steigern. Verfolge, wie viel Zeit und Ressourcen du durch den Einsatz von KI gespart hast, und stelle fest, ob die Produktivität und Geschwindigkeit deines Marketingteams zugenommen haben.

6. **Lead Quality**: Messen, wie gut die Qualität der generierten Leads durch KI-gestützte Tools im Vergleich zu manuellen Prozessen ist. Eine höhere Lead-Qualität zeigt, dass KI gut bei der Segmentierung und Lead-Qualifizierung arbeitet.

Fazit

Die **erfolgreiche Implementierung von KI im Marketing** erfordert eine strategische Planung und eine schrittweise Integration in bestehende Prozesse. Von der Auswahl der richtigen KI-Tools über die Optimierung der bestehenden Marketingstrategien bis hin zur kontinuierlichen Erfolgsmessung – der Einsatz von KI bietet riesige Potenziale, um Marketingprozesse effizienter und effektiver zu gestalten.

Mit den richtigen Tools und einer kontinuierlichen Anpassung kannst du KI optimal nutzen, um deine Marketingziele zu erreichen und langfristigen Erfolg zu sichern.

web:
https://evaprasch.com/

KAPITEL 9: AUSBLICK: DIE ZUKUNFT VON MARKETING MIT KI

●   *Trends und Innovationen*
Wie sich KI im Marketing in den
nächsten Jahren entwickeln wird.

Die Entwicklung von Künstlicher Intelligenz im Marketing geht rasant voran, und die kommenden Jahre versprechen spannende Innovationen. Schon jetzt verändert KI die Art und Weise, wie Unternehmen ihre Marketingstrategien gestalten – aber das ist erst der Anfang. In den nächsten Jahren werden wir wahrscheinlich noch tiefgreifendere Veränderungen erleben.

Ein Trend, der sich abzeichnet, ist die Zunahme von KI-gestützten personalisierten Erlebnissen. KI wird in der Lage sein, noch detailliertere Profile der Kunden zu erstellen und darauf basierend maßgeschneiderte Erlebnisse zu bieten – sei es durch dynamische Inhalte, personalisierte Werbung oder durch individuell zugeschnittene Produktempfehlungen, die fast in Echtzeit geliefert werden. Diese hyper-personalisierte Ansprache wird die Kundenbindung deutlich verstärken.

Ein weiterer Trend ist die Verfeinerung von Chatbots und virtuellen Assistenten. Die nächste Generation von Chatbots wird noch natürlicher und kontextbewusster agieren. Sie werden in der Lage sein, nicht nur einfache Anfragen zu beantworten, sondern auch komplexe, personalisierte Gespräche zu führen, die nahezu wie Interaktionen mit einem menschlichen Kundenberater wirken.

Auch Predictive Analytics wird in den kommenden Jahren noch weiter verbessert werden.
KI wird immer präziser darin werden, das zukünftige Verhalten von Kunden vorherzusagen – und das nicht nur auf Basis von historischen Daten, sondern auch durch die Integration von Echtzeit-Feedback und externen Faktoren, die die Kaufentscheidungen beeinflussen.

● *Die Rolle von KI in der Zukunft*
der Kundenbeziehung
Wie KI den langfristigen Erfolg und
die Markenbindung beeinflusst.

KI wird eine immer zentralere Rolle in der Kundenbeziehung spielen. Die Fähigkeit von KI, Daten zu sammeln und auszuwerten, wird Unternehmen dabei helfen, nicht nur zu verstehen, was ihre Kunden tun, sondern auch, warum sie es tun. Diese tieferen Einblicke ermöglichen es, die Markenbindung auf einer emotionaleren Ebene zu stärken.

Die Zukunft wird von intelligenten, proaktiven Marketinglösungen geprägt sein. KI wird es Marken ermöglichen, ihren Kunden genau dann eine Nachricht oder ein Angebot zu senden, wenn es am relevantesten ist. Ein Beispiel könnte ein personalisiertes Angebot sein, das einem Kunden basierend auf seinem Verhalten auf der Website oder seiner Kaufhistorie in dem Moment angezeigt wird, in dem er oder sie am ehesten geneigt ist, einen Kauf zu tätigen.

Darüber hinaus wird KI die Kundenerfahrung nahtloser und konsistenter über verschiedene Kanäle hinweg gestalten. Ob auf der Website, in E-Mails, über Social Media oder im Kundenservice – KI wird sicherstellen, dass die Kommunikation immer relevant, personalisiert und im Einklang mit der Markenidentität ist. Dies wird die Kundenbindung langfristig stärken, da die Kunden sich besser verstanden und geschätzt fühlen.

- *KI im Marketing – Chancen und Herausforderungen*
  Ein Blick auf die Chancen und Herausforderungen der nächsten Generation des Marketings.

Mit all den Chancen, die KI im Marketing bietet, kommen auch einige Herausforderungen, die es zu meistern gilt. Eine der größten Chancen ist sicherlich die Effizienzsteigerung. KI ermöglicht es, viele Marketingprozesse zu automatisieren, Daten in Echtzeit zu analysieren und so schneller fundierte Entscheidungen zu treffen. Unternehmen können durch KI effizienter mit ihren Ressourcen umgehen und ihre Kampagnen gezielt auf die Bedürfnisse ihrer Kunden ausrichten.

Doch diese Chancen bringen auch Herausforderungen mit sich. Die Datensicherheit wird immer ein zentrales Thema bleiben. Die Sammlung und Nutzung von Kundendaten ist der Kern vieler KI-Anwendungen, aber Unternehmen müssen sicherstellen, dass sie die Datenschutzbestimmungen einhalten und das Vertrauen ihrer Kunden nicht gefährden.
Die richtige Balance zwischen Personalisierung und Privatsphäre zu finden, wird eine der größten Aufgaben der nächsten Jahre sein.

Ein weiterer Punkt ist die Komplexität der KI-Integration. Die Implementierung von KI erfordert nicht nur die Auswahl der richtigen Tools, sondern auch eine Veränderung der bestehenden Prozesse und eine fortlaufende Schulung des Teams. Unternehmen müssen bereit sein, in die richtige Infrastruktur und in die kontinuierliche Weiterbildung ihrer Mitarbeiter zu investieren, um die vollen Vorteile von KI auszuschöpfen.

Nicht zuletzt wird es auch darum gehen, die ethischen Implikationen der KI-Nutzung zu berücksichtigen.

Wie viel Autonomie darf KI im Marketing haben, ohne dass die menschliche Entscheidungsfindung gefährdet wird?

Wie stellen wir sicher, dass die von KI generierten Inhalte nicht manipulativ oder unethisch sind? Dies sind Fragen, die Unternehmen in den kommenden Jahren zunehmend beschäftigen werden.

Fazit

Die Zukunft von Marketing mit KI ist spannend und vielversprechend. KI wird nicht nur die Art und Weise, wie Unternehmen mit ihren Kunden interagieren, revolutionieren, sondern auch die Kundenbeziehung auf eine viel personalisiertere und effizientere Ebene heben. Während KI eine Vielzahl von Chancen bietet – von der Effizienzsteigerung über die Personalisierung bis hin zur Verbesserung der Kundenbindung – müssen Unternehmen sich auch den Herausforderungen stellen, die mit der Implementierung und dem verantwortungsvollen Umgang mit KI verbunden sind. Wer die richtigen Tools auswählt, eine ethische Strategie verfolgt und kontinuierlich in die Weiterbildung und Optimierung seiner KI-Systeme investiert, wird langfristig erfolgreich sein und das Potenzial von KI im Marketing voll ausschöpfen können.

web:
https://evaprasch.com/

SCHLUSSWORT

Zusammenfassung der wichtigsten Erkenntnisse

Künstliche Intelligenz hat das Marketing bereits grundlegend verändert – und das Potenzial der Technologie wird in den kommenden Jahren noch weiter wachsen. In diesem Buch haben wir gesehen, wie KI dir helfen kann, die **Zielgruppenanalyse** zu verbessern, die **Lead-Generierung** zu automatisieren und das **Content-Marketing** sowie Social Media Kampagnen zu optimieren. KI ermöglicht es, Prozesse effizienter zu gestalten, personalisierte Erlebnisse zu schaffen und den Erfolg deiner Marketingstrategien kontinuierlich zu steigern.

Wir haben auch gelernt, dass KI nicht nur als Werkzeug zur Automatisierung von Aufgaben dient, sondern als echter **Partner** im Marketing, der dir hilft, tiefere Einblicke in das Verhalten deiner Kunden zu gewinnen und präzise Vorhersagen für die Zukunft zu treffen. Die Nutzung von KI in der Marketingwelt bedeutet, schneller und gezielter zu handeln, den Umsatz zu steigern und gleichzeitig den **Kundenservice** und die **Markenbindung** auf eine neue Ebene zu heben.

● *Handlungsaufforderung*
Wie Marketingprofis KI
nutzen können, um ihre
Kundengewinnungsstrategien auf
das nächste Level zu heben.

Es ist an der Zeit, **KI** aktiv in deine Marketingstrategie zu integrieren. Die Möglichkeiten sind nahezu grenzenlos – von der automatisierten Content-Erstellung bis hin zur Optimierung von Werbemaßnahmen und der Personalisation von Kundenkommunikation.

Du kannst die Vorteile der KI nutzen, um mit deiner **Kundengewinnungsstrategien** in deinem Unternehmen einen entscheidenden Wettbewerbsvorteil zu verschaffen.

Die ersten Schritte sind einfach: Beginne mit der Auswahl der richtigen **KI-Tools**, die am besten zu deinen Zielen passen, und integriere sie schrittweise in deine bestehenden Prozesse. Achte darauf, deine Teammitglieder entsprechend zu schulen, damit sie das volle Potenzial der Technologie ausschöpfen können. Und vergiss nicht, den Erfolg deiner KI-gesteuerten Maßnahmen regelmäßig zu messen und zu optimieren, um langfristig die besten Ergebnisse zu erzielen.

Nutze KI als deinen Verbündeten, um Marketingkampagnen effizienter zu gestalten, die Kundenbindung zu stärken und neue, wertvolle Kunden zu gewinnen. Wenn du diese Technologie richtig einsetzt, wirst du nicht nur deinen Marketingansatz revolutionieren, sondern auch den **langfristigen Erfolg** deines Unternehmens sicherstellen.

DANK AN LESERINNEN UND LESER

Ich möchte mich ganz herzlich bei dir bedanken, dass du dieses Buch bis zum Ende gelesen hast.

Dein Interesse an Künstlicher Intelligenz im Marketing zeigt, dass du bereit bist, die Chancen dieser Technologie zu nutzen und deinen Marketingansatz auf das nächste Level zu heben.

Ich hoffe, dass die Informationen und Strategien, die du in diesem Buch gefunden hast, dir helfen, KI effektiv in deinem Marketing einzusetzen und dadurch deine Ziele schneller und effizienter zu erreichen. Es ist ein aufregendes Feld, das sich ständig weiterentwickelt, und ich freue mich, dass du nun das Wissen hast, um in dieser sich wandelnden Landschaft erfolgreich zu sein.

Ich wünsche dir viel Erfolg bei der Umsetzung und bei der Nutzung von KI, um dein Marketing zu optimieren und deine Kundengewinnungsstrategien nachhaltig zu verbessern. Bleib neugierig und offen für die Möglichkeiten, die KI dir bietet!

ÜBER MICH

Mein Name ist Eva und ich habe dieses Buch geschrieben, weil ich fest daran glaube, dass Künstliche Intelligenz das Marketing revolutioniert – und zwar auf eine Weise, die jeder Marketingprofi für sich nutzen kann.

In meiner eigenen beruflichen Laufbahn habe ich erlebt, wie mächtig KI im Marketing sein kann, wenn man sie richtig einsetzt. Doch ich habe auch gesehen, wie viele Unternehmen noch zögern, diese Technologie zu integrieren, entweder aus Unsicherheit oder weil sie sich die Umsetzung zu komplex vorstellen.

Ich wollte ein Buch schreiben, das dir hilft, diese Hürden zu überwinden.

Mein Ziel war es, praktische und leicht verständliche Einblicke zu geben, wie du KI in deinem Marketing einsetzen kannst, um Kundengewinnung, Automatisierung und Personalisierung zu optimieren. Es geht nicht nur um Theorie, sondern darum, dir konkrete Strategien und Tools an die Hand zu geben, die du sofort anwenden kannst.

Die Welt des Marketings verändert sich ständig, und Künstliche Intelligenz wird zu einem unverzichtbaren Teil dieser Veränderung. Ich möchte dir zeigen, wie du diese Entwicklung für dich nutzen kannst, um nicht nur im Wettbewerb zu bestehen, sondern auch innovative Wege zu finden, deine Zielgruppen zu erreichen und zu binden.

Ich hoffe, dass dieses Buch dir dabei hilft, deine Marketingstrategien umzusetzen und du die Möglichkeiten dieser Technologie mit Vertrauen und Kreativität nutzen kannst.

IMPRESSUM